まちごとチャイナ

Guangdong 008 Shaoguan

韶関（丹霞山）

褐色奇岩の「丹霞山」へ

Asia City Guide Production

【白地図】韶関と珠江デルタ

CHINA
広東省

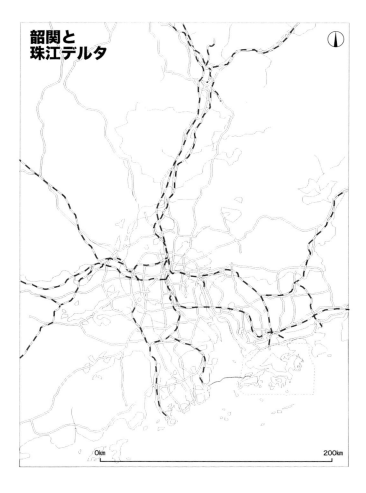

【白地図】韶関

CHINA
広東省

韶関

Shaoguan

白地図

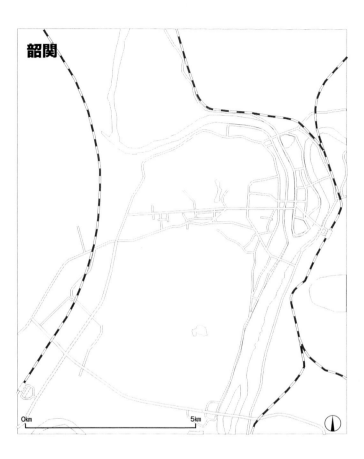

【白地図】韶関中心部

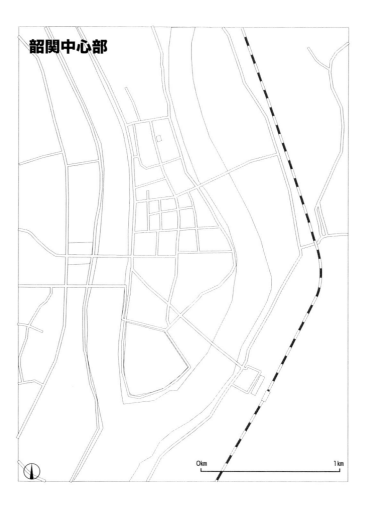

【白地図】韶関～南華寺

CHINA
広東省

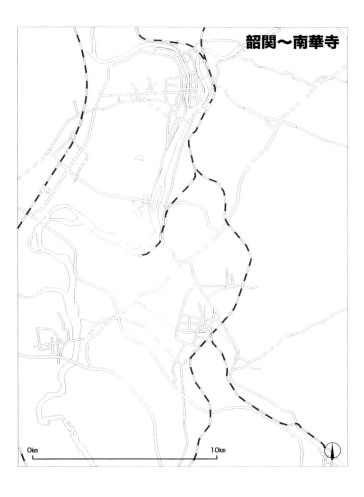

韶関〜南華寺 Shaoguan 白地図

CHINA
広東省

【白地図】韶関〜丹霞山

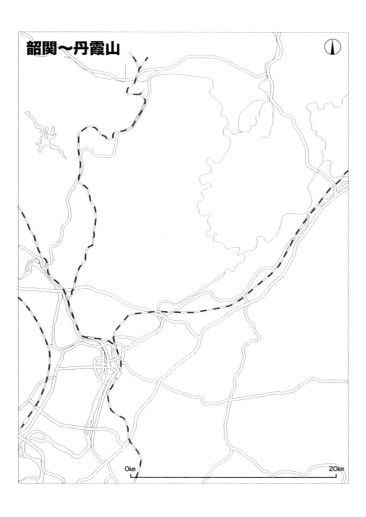

【白地図】丹霞山世界地質公園

CHINA
広東省

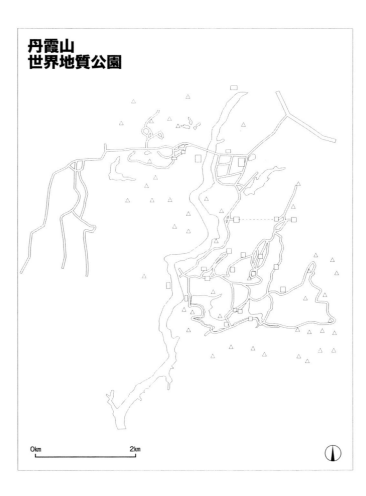

【白地図】韶関郊外

CHINA
広東省

韶関郊外

Shaoguan

白地図

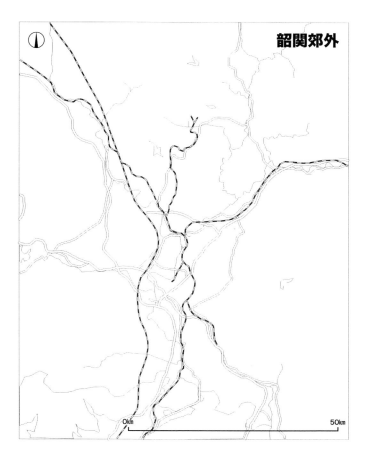

【まちごとチャイナ】
広東省001 はじめての広東省
広東省002 はじめての広州
広東省003 広州古城
広東省004 天河と広州郊外
広東省005 深圳（深セン）
広東省006 東莞
広東省007 開平（江門）
広東省008 韶関
広東省009 はじめての潮汕
広東省010 潮州
広東省011 汕頭

広州から北江をさかのぼった広東省北部に位置する韶関。この街は江西省、湖南省と南の広州を結ぶ要衝で、「粤北（粤は広東省の古名）」の中心都市となっている。歴史的には韶州の名で記されてきたが、関所があったことにちなんで韶関と呼ばれるようになった。

またこの地は黄河、長江と華南をわける南嶺山脈のちょうど南端にあたり、韶関近くには丹霞山があることで知られる。この丹霞山をふくむ中国南方の6か所から構成される中国丹霞は、世界自然遺産に登録され、丹霞山からその名前がとら

褐色奇岩の「丹霞山」へ
韶关 Sháo Guān シャオガン
Shao Guan

れた。

　丹霞山では長いあいだかけて堆積した山をモンスーンの降雨などが侵食することで地形がつくられ、380もの岩峰がさまざまな姿を見せている。赤色の山肌（陸成砂岩や礫岩からなる）をもつこれらの峰は、ばら色の霞さながらに続き、そのあいだをぬうように錦江が流れている。

【まちごとチャイナ】

広東省008 韶関（丹霞山）

CHINA
広東省

目次

韶関（丹霞山） ………………………………………… xvi

広東省粤北の世界 ……………………………………… xxii

韶関城市案内 …………………………………………… xxvi

丹霞山鑑賞案内 ………………………………………… xlii

韶関郊外城市案内 ……………………………………… lii

丹霞地形と山水の世界 ………………………………… lx

【MEMO】

【地図】韶関と珠江デルタ

【地図】韶関と珠江デルタの［★★★］
- □ 丹霞山世界地質公園 丹霞山世界地质公园 ダンシャアシャンシィジエディチィゴンユェン

【地図】韶関と珠江デルタの［★★☆］
- □ 韶関 韶关 シャオガン
- □ 南華寺 南华寺 ナンファスー

韶関と
珠江デルタ

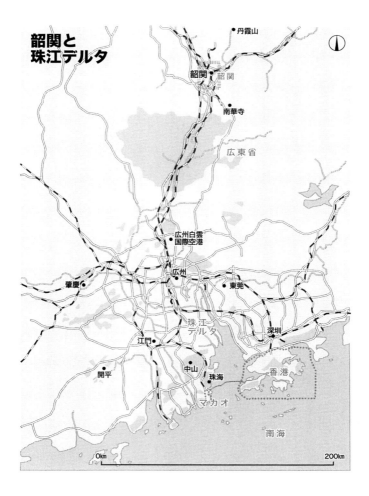

広東省
粤北の
世界

広東省

韶関は広州から街道沿いを北上した
広東省北部の中心都市
近郊には世界自然遺産の丹霞山がそびえる

粤北の世界

広州を中心とする珠江デルタの経済発展が注目されるなかで、広東省のほぼ7割は山間部か丘陵地帯となっている。韶関はこの広東省山間部の中心都市で、北江を利用した交通の要衝として知られてきた。山深い立地から開発が進んだのは20世紀になってからのことで、長いあいだ客家と少数民族のヤオ族の暮らす世界が広がっていた。このような事情から広東省の沿岸部とは異なる、粤北（粤は広東省の古名）と呼ばれる独特の世界が広がっている。

▲左　幽玄の世界が広がる丹霞山。　▲右　韶関東駅、背後の山上に楼閣が見える

世界自然遺産の中国丹霞

世界自然遺産に登録されている中国丹霞（丹霞地形）という名前は、韶関に近い丹霞山に由来する。もともと南明（清に北京を陥落されたのち、その遺民が南方につくった明朝）が滅亡したあと、李永茂がこの地に隠遁し、自らの故郷である河南省鄭州にある丹霞山に景色が似ていることから名づけられたという。福建省から広東省北部、江西省、湖南省へと続く中国南部地帯では、陸成砂岩や礫岩がつくる赤色土の岩肌を見せる山が広く分布する。それらのなかでもとくに特徴的な6つの地形が山の発達段階に応じて、中国丹霞として世界

CHINA
広東省

▲左　男性器に似ている陽元石、丹霞山世界地質公園にて。　▲右　広州からの高速鉄路が通る韶関駅、市街からは距離がある

自然遺産に登録されている。

中国丹霞

貴州省赤水（青年早期）

福建省泰寧（青年期）

広東省丹霞山（壮年期）

湖南省崀山（壮年早期）

江西省龍虎山（老年早期）

浙江省江郎山（老年期）

【MEMO】

Guide, Shao Guan
韶関
城市案内

CHINA
広東省

韶関は広東省北部の中心都市
広東省のなかでは市の人口密度が低く
周囲には客家や少数民族の人々も暮らす

韶関 韶关 sháo guān シャオガン ［★★☆］

韶関は広東省北部の中心都市で、湞江と武江が合流して北江となる地点に開けている（華南では水利に着目され、川のほとりに街がつくられることが多かった）。街の歴史は 2000 年前にさかのぼり、漢代には曲江県がもうけられ、その役所が韶関にあった。河川を利用した水上交易の、また江西省へと続く交通の要衝にあたり、隋代以降、韶州という地名で知られていた。このあたりにはヤオ族と客家の人々が暮らしていたが、日中戦争時に日本の支配から逃れるため、広東省の政府が韶関におかれると、それとともに多くの広東人が珠江デ

ルタからこの地へ移住するようになった（山深い韶関まで日本軍の支配はおよばなかった）。1949年、中華人民共和国が成立すると、韶関は広東省北部の中心都市となり、急速に発展した。市全体は山岳地形が多く、珠江デルタにくらべて人口密度が低いことで知られる。

北江と交通網

広東省北部と広州を結ぶ大動脈で、珠江の支流を構成する北江。その全長は582kmにもなり、南嶺山脈から流れてきた水系が韶関で合流して北江と名前を変える。この流れは歴史的

【地図】韶関

【地図】韶関の ［★★☆］
- □ 韶関 韶关 シャオガン

【地図】韶関の ［★☆☆］
- □ 風采楼 风采楼 フェンツァイロウ

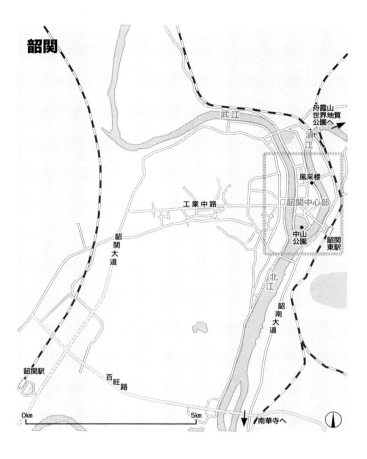

【地図】韶関中心部

【地図】韶関中心部の [★★☆]
- [ ] 韶関 韶关 シャオガン

【地図】韶関中心部の [★☆☆]
- [ ] 風度南路 风度南路 フェンドゥナンルゥ
- [ ] 風采楼 风采楼 フェンツァイロウ

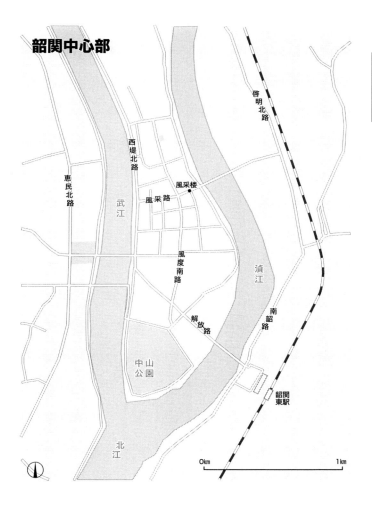

CHINA
広東省

に水上交通に使われ、材木などの商材が北江を通って珠江デルタへ運ばれた。20世紀初頭には香港や広州から韶関にまで鉄路が通じていたが、現在では広州と武漢を結ぶ高速鉄道が韶関の西側を走っている（韶関駅は市街からは少し離れている）。

風度南路 风度南路
fēng dù nán lù フェンドゥナンルゥ [★☆☆]
風土南路は、街の中心に位置する韶関最大の繁華街。南北に走り、多くの人で夜遅くまでにぎわう。

▲左　韶関は広東省北部の中心都市。　▲右　韶関の北西に位置する丹霞山、バスに揺られながら進む

風采楼 风采楼 fēng cǎi lóu フェンツァイロウ ［★☆☆］

韶関市街に立つ中国の伝統楼閣、風采楼。北宋の郡守余靖をたたえて、明代の 1497 年に建てられた（中国では牌坊などを建てることで、仁徳ある人を記念するということが行なわれてきた）。名前は「更に風采を加え朝端を動かす」という余靖をたたえた詩にちなむ。正方形のプランをもち、高さは 21m、屋根は緑色の瓦でふかれている。

▲左　鉛や亜鉛、鉄鉱石といった資源にめぐまれた工業の街。　▲右　広州や深圳とは人々の様子、街の雰囲気がまるで異なる

工業の街

20世紀初頭の日中戦争のとき、広東省の省都が山岳地帯のこの地に移されたことで、韶関は発展するようになった。韶関の南の大宝山には、鉛や亜鉛、鉄鉱石が埋蔵され、とくに1960年から採掘され、工業が発展した（また東西冷戦時には戦争に備え、沿岸部ではなく、山間部に工場がつくられることがあった）。

【MEMO】

CHINA
広東省

南華寺 南华寺 nán huá sì ナンファスー ［★★☆］

韶関の南20kmに位置する南華寺は、唐代、南宗禅の六祖慧能が拠点を構えた広東省有数の名刹として知られる。梁代(中国が南北朝にわかれていた)の502年にインド僧智薬三蔵によって建立され、インドから持参した一株の菩提樹を植えて「自分の滅後、160年後に仏法で衆生を救う者が現れるだろう」と予言した。当時、南方の蛮地とされた広東出身の慧能は、当初、低い人間と見られていたが、「本来無一物(あらゆるものは空で、執着するものは何もない)」といった考えで禅宗第六祖と認められるようになった。40歳になって広

▲左　南華寺とともに慧能が布教拠点にした広州の光孝寺。　▲右　慧能の時代から粤北に禅宗が広まった

東省に戻ってきた慧能は、76歳でなくなるまでこの南華寺に拠点を構え、韶関と広州などで禅宗が広まることになった。堂々した大雄宝殿、仏塔が残るほか、慧能の亡骸がまつられる禅宗の聖地となっている。

禅と慧能

6世紀、達磨がインドから伝えた新たな仏教である禅は、第二祖、第三祖と受け継がれ、第六祖慧能（638〜713年）以降、大きく発展するようになった。禅とは瞑想を意味するジュハナという言葉を音写したもので、壁観（壁が観る）という

韶関～南華寺

【地図】韶関～南華寺の [★★☆]

- [ ] 韶関 韶关 シャオガン
- [ ] 南華寺 南华寺 ナンファスー

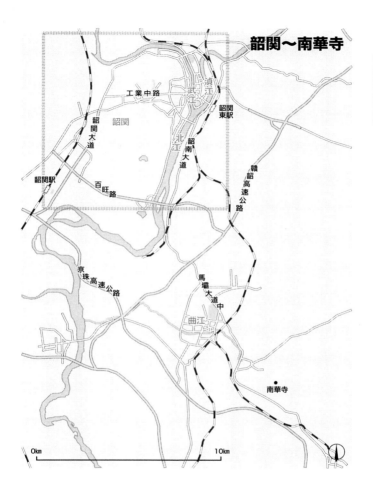

CHINA
広東省

ように坐禅などして精神統一をはかる。神秀の北宗禅、慧能の南宗禅にわかれ、唐末から宋にかけて中国に広がるようになった。インドからはじまった禅は、中国、また日本で高度に洗練されるようになった。この慧能の流れから、日本の栄西の伝えた臨済宗、道元の曹洞宗もある。

Guide, Dan Xia Shan
丹霞山鑑賞案内

錦江が流れる丹霞山世界地質公園
変わったかたちの峰がいくつもそびえ
美しい景観をつくっている

丹霞山世界地質公園 丹霞山世界地质公园
dān xiá shān shì jiè dì zhì gōng yuán
ダンシャアシャンシィジエディチィゴンユェン ［★★★］

丹霞山は山の発達段階のなかで壮年晩期に属し、貴重な地質をもつことから世界地質公園にも指定されている。丹霞山という名前は、陸成砂岩や礫岩からなる山肌がバラ色の霞のように見えることから名づけられた（赤岩山や紅石公園とも呼ばれる）。主峰は標高618mで、そのほかに標高300〜400mの峰がいくつもならぶ。侵食されることで特異なかたちになった峰、壁のようにそり立つ崖などが見られ、そのなかを

【MEMO】

【地図】韶関～丹霞山

【地図】韶関～丹霞山の [★★★]
- 丹霞山世界地質公園 丹霞山世界地质公园 ダンシァシャンシィジエディチィゴンユェン

【地図】韶関～丹霞山の [★★☆]
- 韶関 韶关 シャオガン

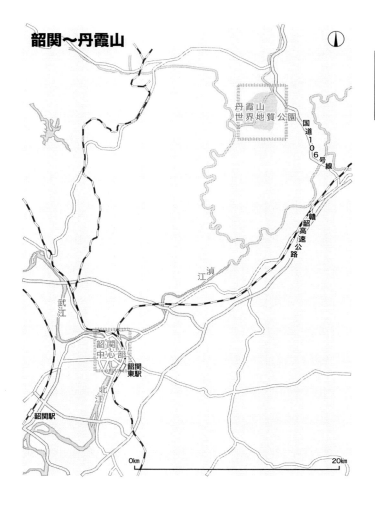

【地図】丹霞山世界地質公園

【地図】丹霞山世界地質公園の [★★★]
- 丹霞山世界地質公園 丹霞山世界地质公园
  ダンシャアシャンシィジエディチィゴンユェン

【地図】丹霞山世界地質公園の [★★☆]
- 陽元石遊覧区 阳元石游览区
  ヤンユァンシイヨウランチュウ

【地図】丹霞山世界地質公園の [★☆☆]
- 長老峰遊覧区 长老峰游览区
  チャンラオフェンヨウランチュウ
- 翔龍湖遊覧区 翔龙湖游览区
  シィアンロンフゥヨウランチュウ

広東省

錦江が流れている。

陽元石遊覧区 阳元石游览区 yáng yuán shí yóu lǎn qū
ヤンユァンシイヨウランチュウ ［★★☆］

男性器のかたちをした陽元石がそびえる陽元石遊覧区。丹霞山世界地質公園の入口から錦江を渡ったところに位置する。

陰と陽が世界をつくる

丹霞山のなかでも男性器を思わせる陽元石と女性器を思わせる陰元石が知られる。中国では物事を陰と陽にわけて世界を

▲左　大自然がつくりだした圧倒的な景観。　▲右　丹霞山世界地質公園の入口

説明し、「冬至を陰、夏至を陽」「奇数を陽、偶数を陰」とする。また「有、没有」といった言い方も陰陽説に基づくと言われ、中国人の思考に強い影響を与えている。男性は陽、女性は陰でその交わりから生命が育まれると考えられることから、男性器や女性器を思わせるかたちをした陰陽石は、生命力や豊穣の象徴として信仰対象になってきた。

長老峰遊覧区 长老峰游览区 zhǎng lǎo fēng yóu lǎn qū
チャンラオフェンヨウランチュウ ［★☆☆］

丹霞山世界地質公園のなかでも中心に位置する長老峰遊覧

CHINA
広東省

▲左　男性器のかたちをした陽元石が見える。　▲右　丹霞山世界地質公園内の移動に使う

区。山上部にロープウェイが伸び、韶音亭や宝珠亭といった望遠台からは美しい景色をのぞめる。また別伝寺などの寺院があるほか、そびえる長老峰の頂には観日亭が立つ。

翔龍湖遊覧区 翔龙湖游览区 xiáng lóng hú yóu lǎn qū
シィアンロンフゥヨウランチュウ ［★☆☆］

長老峰遊覧区の南側に位置する翔龍湖遊覧区。緑色の水をたたえる翔龍湖の周囲に奇岩や亭がならぶ。また西側の錦江遊覧区ではいかだを浮かべて川下りができる。

Guide, Shao Guan Jiao Qu
韶関郊外城市案内

CHINA
広東省

漢族とは異なる文化をもつ
客家やヤオ族の人々
韶関郊外にはこの地方独特の風土が広がる

満堂客家大囲 满堂客家大围 mǎn táng kè jiā dà wéi
マンタンカァジャアダァウェイ ［★☆☆］

韶関の東郊外に位置する満堂客家大囲。ここは戦乱を逃れて中国南方へ移住してきた客家の一族が暮らす集合住宅で、満堂客家大囲は広東省で最大規模の囲龍屋となっている（広東省では囲龍屋や囲屋、福建省では土楼、江西省では方囲などと呼ばれる）。古い中原の文化を残す客家の人々は、現在では広東省、福建省、江西省の山岳地帯に多く暮らし、客家の住居は、広東人や倭寇などとの争いから一族を守るため、外に対して閉鎖的なものとなっている。清代の1836年の創建

【MEMO】

【地図】韶関郊外

【地図】韶関郊外の [★★★]
- [ ] 丹霞山世界地質公園 丹霞山世界地质公园 ダンシャアシャンシィジエディチィゴンユェン

【地図】韶関郊外の [★★☆]
- [ ] 韶関 韶关 シャオガン
- [ ] 南華寺 南华寺 ナンファスー

【地図】韶関郊外の [★☆☆]
- [ ] 満堂客家大囲 満堂客家大围 マンタンカァジャアダァウェイ
- [ ] 乳源ヤオ族自治県 乳源瑶族自治县 ルゥヤァンヤオズウズゥチィシアン

韶関郊外

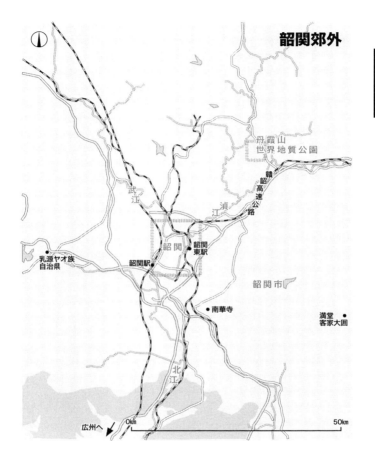

CHINA
広東省

で、777の部屋をもつほか、中央には一族の祖先をまつる祠堂がおかれ、宗族を中心にした強固な絆で一族は結ばれている。

客家とは

戦乱のため、東晋の時代の4〜5世紀から継続的に南方へ移住してきた客家の人々は、広東省にあって面長の北方人の容姿で、古い中原の語彙を残す客家語、またその味を伝える客家料理など独特の文化をもっている（客家は普通語で「クージャー」だが、客家語では「ハッカ」と呼ぶ）。古くからこ

▲左　粤北では珠江デルタとは違った伝統が息づく。　▲右　中華民族のほか客家、ヤオ族も暮らす韶関

の地に暮らす地元民から見て、「客」であったことから客家と呼ばれ、集合住宅に集住する一族も少なくない。韶関には客家の人々が多く暮らし、男性は出稼ぎに出ている場合も見受けられる。洪秀全、孫文、李登輝などが客家出身で、多くの人材を政界や財界に輩出している。

乳源ヤオ族自治県 乳源瑶族自治县 rǔ yuán yáo zú zì zhì xiàn ルゥヤァンヤオズウズゥチィシアン ［★☆☆］

韶関の西、広東省と湖南省、広西チワン族自治区がちょうど交わる地に位置する乳源ヤオ族自治県。ヤオ族は中国に暮ら

CHINA
広東省

　す55の少数民族のひとつで、中国南部から東南アジア一帯に広く分布し、中国では各地に自治県をつくっている。乳源とはこの地の北に乳穴と呼ばれる練乳洞があることからつけられ、美しい景色が広がっている。ヤオ族は色鮮やかな刺繍をもつ民族衣装をもち、男女の歌垣などの文化を残すほか、彼らの話すヤオ語は隣接して暮らす人々の広東語や客家語からの影響を受けながらも、特徴あるものとなっている。

丹霞地形と山水の世界

CHINA
広東省

長いあいだかけてつくられた丹霞山の地形
人里離れたこの地の
奇岩が織り成す風景

丹霞山と地形輪廻

美しい丹霞山の地形では、今から9000万年〜7000万年前の中生代白亜紀に堆積した赤色の砂岩、礫岩が残っている。その後、山が雨や風などで地形を侵食され、現在のかたちになった（砂岩と泥岩、熔岩と火山灰など硬さが異なる岩石が交じるなかで、柔らかいものが侵食される）。「山が長い時間をかけてその姿を変えていく」という地形輪廻説では、その発達段階によって幼年期、壮年期、老年期などにわけられるが、丹霞山は壮年期にあたる。侵食、運搬、堆積の作用で、山の地形が循環し、山は長い期間で見れば劇的に変化している。

▲左　中山門の背後には巨大な山壁が立つ、丹霞山世界地質公園にて。　▲右　朱色で刻まれた丹霞の文字

古い時代の遺構

韶関近くからは旧石器時代や新石器時代の人類の遺跡が発見されていて、広東省北部では古くから人類の営みがあったことがわかっている。丹霞盆地の南西からは今から10万年以上さかのぼる旧石器時代の馬壩人、また丹霞山世界地質公園の獅子岩からは今から6000年前の新石器時代の遺跡が発掘されている。

広東省

▲左 世界遺産の丹霞山では土産物店も多く見られる。　▲右　韶音亭、ここから見る景色は圧巻

山水の世界

中国の文人は美しい山水を好み、その近くに暮らして詩を詠むなどの隠遁生活を送ってきた。もともと中国では伝統的に儒教思想が支配的で、文人は宮仕えをしてきたが、3世紀の三国時代ごろから儒教の教えから離れて、「無為自然」「無私無欲」の教えを説く道教の思想に呼応するようになった。とくに4世紀、北方民族の侵入で晋が滅ぶと、多くの漢族が江南に移住し、この地の風光明媚な自然のなか、人間本来のあり方に近づこうという道が模索された。

Shaoguan

丹霞地形と山水の世界

参考文献

『中国の実験』(エズラ・F・ヴォーゲル / 日本経済新聞社)

『華南・韶関市の街巷名について』(藤島範孝 / 駒澤大學北海道教養部研究紀要)

『中国の隠遁思想』(小尾郊一 / 中央公論社)

『「中国丹霞」世界遺産への道』(唐磊・万佳歓 / 中国 news 4)

『中国世界遺産の旅』(武内房司 / 講談社)

『中国名勝旧跡事典』(中国国家文物事業管理局編 / ぺりかん社)

『山はどうしてできるのか』(藤岡換太郎 / 講談社)

『世界大百科事典』(平凡社)

まちごとパブリッシングの旅行ガイド

Machigoto INDIA , Machigoto ASIA , Machigoto CHINA

【北インド - まちごとインド】

001 はじめての北インド
002 はじめてのデリー
003 オールド・デリー
004 ニュー・デリー
005 南デリー
012 アーグラ
013 ファテープル・シークリー
014 バラナシ
015 サールナート
022 カージュラホ
032 アムリトサル

【西インド - まちごとインド】

001 はじめてのラジャスタン
002 ジャイプル
003 ジョードプル
004 ジャイサルメール
005 ウダイプル
006 アジメール(プシュカル)
007 ビカネール
008 シェカワティ
011 はじめてのマハラシュトラ
012 ムンバイ
013 プネー
014 アウランガバード
015 エローラ
016 アジャンタ
021 はじめてのグジャラート
022 アーメダバード
023 ヴァドダラー(チャンパネール)
024 ブジ(カッチ地方)

【東インド - まちごとインド】

002 コルカタ
012 ブッダガヤ

【南インド - まちごとインド】

001 はじめてのタミルナードゥ
002 チェンナイ
003 カーンチプラム
004 マハーバリプラム
005 タンジャヴール
006 クンバコナムとカーヴェリー・デルタ
007 ティルチラパッリ
008 マドゥライ
009 ラーメシュワラム
010 カニャークマリ
021 はじめてのケーララ
022 ティルヴァナンタプラム
023 バックウォーター(コッラム〜アラップーザ)
024 コーチ(コーチン)
025 トリシュール

【ネパール - まちごとアジア】

001 はじめてのカトマンズ
002 カトマンズ
003 スワヤンブナート

004 パタン
005 バクタプル
006 ポカラ
007 ルンビニ
008 チトワン国立公園

【バングラデシュ - まちごとアジア】

001 はじめてのバングラデシュ
002 ダッカ
003 バゲルハット（クルナ）
004 シュンドルボン
005 プティア
006 モハスタン（ボグラ）
007 パハルプール

【パキスタン - まちごとアジア】

002 フンザ
003 ギルギット（KKH）
004 ラホール
005 ハラッパ
006 ムルタン

【イラン - まちごとアジア】

001 はじめてのイラン
002 テヘラン
003 イスファハン
004 シーラーズ
005 ペルセポリス
006 パサルガダエ（ナグシェ・ロスタム）
007 ヤズド
008 チョガ・ザンビル（アフヴァーズ）
009 タブリーズ
010 アルダビール

【北京 - まちごとチャイナ】

001 はじめての北京
002 故宮（天安門広場）
003 胡同と旧皇城
004 天壇と旧崇文区
005 瑠璃廠と旧宣武区
006 王府井と市街東部
007 北京動物園と市街西部
008 頤和園と西山
009 盧溝橋と周口店
010 万里の長城と明十三陵

【天津 - まちごとチャイナ】

001 はじめての天津
002 天津市街
003 浜海新区と市街南部
004 薊県と清東陵

【上海 - まちごとチャイナ】

001 はじめての上海
002 浦東新区
003 外灘と南京東路
004 淮海路と市街西部
005 虹口と市街北部
006 上海郊外（龍華・七宝・松江・嘉定）
007 水郷地帯（朱家角・周荘・同里・甪直）

【河北省 - まちごとチャイナ】

001 はじめての河北省
002 石家荘
003 秦皇島
004 承徳
005 張家口
006 保定
007 邯鄲

【江蘇省 - まちごとチャイナ】

001 はじめての江蘇省
002 はじめての蘇州
003 蘇州旧城
004 蘇州郊外と開発区
005 無錫
006 揚州
007 鎮江
008 はじめての南京
009 南京旧城
010 南京紫金山と下関
011 雨花台と南京郊外・開発区
012 徐州

【浙江省 - まちごとチャイナ】

001 はじめての浙江省
002 はじめての杭州
003 西湖と山林杭州
004 杭州旧城と開発区
005 紹興
006 はじめての寧波
007 寧波旧城
008 寧波郊外と開発区
009 普陀山
010 天台山
011 温州

【福建省 - まちごとチャイナ】

001 はじめての福建省
002 はじめての福州
003 福州旧城
004 福州郊外と開発区
005 武夷山
006 泉州
007 廈門
008 客家土楼

【広東省 - まちごとチャイナ】

001 はじめての広東省
002 はじめての広州
003 広州古城
004 天河と広州郊外
005 深圳(深セン)
006 東莞
007 開平(江門)
008 韶関
009 はじめての潮汕
010 潮州
011 汕頭

【遼寧省 - まちごとチャイナ】

001 はじめての遼寧省
002 はじめての大連
003 大連市街
004 旅順
005 金州新区

006 はじめての瀋陽
007 瀋陽故宮と旧市街
008 瀋陽駅と市街地
009 北陵と瀋陽郊外
010 撫順

【重慶 - まちごとチャイナ】

001 はじめての重慶
002 重慶市街
003 三峡下り（重慶〜宜昌）
004 大足

【香港 - まちごとチャイナ】

001 はじめての香港
002 中環と香港島北岸
003 上環と香港島南岸
004 尖沙咀と九龍市街
005 九龍城と九龍郊外
006 新界
007 ランタオ島と島嶼部

【マカオ - まちごとチャイナ】

001 はじめてのマカオ
002 セナド広場とマカオ中心部
003 媽閣廟とマカオ半島南部
004 東望洋山とマカオ半島北部
005 新口岸とタイパ・コロアン

【Juo-Mujin（電子書籍のみ）】

Juo-Mujin 香港縦横無尽
Juo-Mujin 北京縦横無尽
Juo-Mujin 上海縦横無尽

【自力旅游中国 Tabisuru CHINA】

001 バスに揺られて「自力で長城」
002 バスに揺られて「自力で石家荘」
003 バスに揺られて「自力で承徳」
004 船に揺られて「自力で普陀山」
005 バスに揺られて「自力で天台山」
006 バスに揺られて「自力で秦皇島」
007 バスに揺られて「自力で張家口」
008 バスに揺られて「自力で邯鄲」
009 バスに揺られて「自力で保定」
010 バスに揺られて「自力で清東陵」
011 バスに揺られて「自力で潮州」
012 バスに揺られて「自力で汕頭」
013 バスに揺られて「自力で温州」

【車輪はつばさ】
南インドのアイラヴァテシュワラ寺院には建築本体に車輪がついていて寺院に乗った神さまが人びとの想いを運ぶと言います。

・本書はオンデマンド印刷で作成されています。
・本書の内容に関するご意見、お問い合わせは、発行元の
　まちごとパブリッシング info@machigotopub.com までお願いします。

まちごとチャイナ
広東省008韶関
〜褐色奇岩の「丹霞山へ」［モノクロノートブック版］

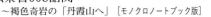

2017年11月14日　発行

著　者	「アジア城市（まち）案内」制作委員会
発行者	赤松　耕次
発行所	まちごとパブリッシング株式会社
	〒181-0013　東京都三鷹市下連雀4-4-36
	URL http://www.machigotopub.com/
発売元	株式会社デジタルパブリッシングサービス
	〒162-0812　東京都新宿区西五軒町11-13
	清水ビル3F
印刷・製本	株式会社デジタルパブリッシングサービス
	URL http://www.d-pub.co.jp/

MP122

ISBN978-4-86143-256-9 C0326　　　　Printed in Japan
本書の無断複製複写（コピー）は、著作権法上での例外を除き、禁じられています。